AQÜITÍN

**REVISTA EDUCATIVA MEDIOAMBIENTAL
DEL AGUA Y LA NATURALEZA PARA NIÑOS.**

EDICIÓN ESPECIAL AMIGOS DE LA NATURALEZA

MARZO-ABRIL 2021

AUTORA: YOLANDA MA. JORGE BESTEIRO

ILUSTRADOR: EDUARDO REYES ESCUDERO

1

Edición Especial en conmemoración de varias efemérides de gran importancia en nuestra Revista.

- 3 marzo Día Mundial de la Vida Silvestre.

- 21 de marzo el Día Mundial de los Bosques y Día Mundial de la Poesía (Género literario que nos acompaña e identifica como Revista Educativa que apuesta por la enseñanza integral de las ciencias de la Naturaleza usando la Literatura)

- 22 de marzo, Día Mundial del Agua. fecha especial que le da nombre a nuestra Revista AQÜITÍN que viene de AQÜA en latín.

- 7 abril Día Mundial de la Salud que está íntimamente unida a la salud del Medio Ambiente.

- 22 de abril Día Internacional de la Madre Tierra.

- 23 de abril Día Internacional del Libro

AGRADECIMIENTOS

-A mi querido amigo Doctor Ernesto Kahan siempre dispuesto a ofrecernos su creación literaria, y esta vez regalándonos además de un bello poema, una pintura exclusiva de su autoría para nuestros lectores, los niños y jóvenes.
Amado Doctor de la Paz, sepa que, en esta Revista Educativa Medioambiental para los niños del mundo, sus obras serán siempre consideradas como un hermoso legado suyo a las nuevas generaciones.

-A cada uno de los escritores, poetas y profesores que han colaborado como Amigos de la Naturaleza en esta Edición especial enviando su obra desde otros continentes muchas gracias. Y Gracias infinitas por el esfuerzo y dedicación de las profesoras que trabajan a diario con los niños los temas de nuestra Revista y cortésmente me envían fotos, imágenes, dibujos, etc de los estudiantes. Gracias por inculcarles estos valores, y que sepáis que reconocemos vuestro trabajo, sin vosotros tampoco seríamos efectivos desde la Revista.

-Agradezco especialmente a mi estimada amiga Lic María Cristina Azcona por su bellísimo poema y su ardua labor en función de la Cultura y la Paz reuniendo a escritores y poetas.

-Eterno agradecimiento a mi querida amiga y colega en pro de las lenguas madres, mitos y leyendas americanas, la Lic Gladys Mercedes Acevedo por su oportuna viñeta de Artemito y el precioso cuento e ilustración, y la reiteramos como colaboradora de la Revista.

-Agradezco la generosidad de los pintores que nos ofrecieron sus bellas obras sobre la naturaleza, desde nuestra Revista estamos eternamente agradecidos. Están contribuyendo con su colaboración a incentivar a los lectores en este precioso arte. Dicen que una imagen dice más que mil palabras. Gracias, una vez más.

-Agradecimientos a mares a los niños por sus obras y porque todo el esfuerzo que hagamos en la Revista no tendría sentido sin ellos, a los que están dedicados cada cuento, poema, viñeta, dibujos y *pinturas que publicamos en esta edición especial y durante todo el año en las restantes ediciones de AQÜITÍN.*

Deseamos que cada niño y joven lector las hagan suyas en sus vidas, en sus escuelas y familias y las expandan por todas partes para que aprendan y enseñen a otros a proteger a los bosques, las aguas, la flora, fauna y a la naturaleza en general.

Como celebramos también el día de la poesía declarado por la UNESCO el 21 de marzo, promovemos desde AQÜITÍN la diversidad lingüística a través de la expresión poética. Así que, aprovechamos para honrar a todos los poetas participantes por promover la lectura, la escritura y la enseñanza de la poesía, y fomentar la convergencia entre la creación literaria y otras artes como la pintura y la música.

DESDE NUESTRA REVISTA AQÜITÍN GRACIAS POR SIEMPRE, A TODOS VOSOTROS AMIGOS DE LA NATURALEZA.

Yolanda María Jorge Besteiro
Lic Bioquímica Universidad Habana Titulación Homologada en España U.E. 2003.
Máster Ciencias MsC Ingeniería del Agua / MsC Fisiología Vegetal-Bioquímica
Técnico Atención Sociosanitaria.
Divulgadora Científica-Escritora. Poetisa. Ensayista. Historietista.
Profesora Cátedra Biología Successworld Academy Hispana 1
Embajadora Asoc Internacional Poetas Escritores Hispanoamericanos AIPEH Orlando Fl USA
Embajadora Cultural de Naciones Unidas de las Letras y Gestora de Semillas de Juventud en España
Embajadora Cultural España Asoc Mundial Escritores Latinoamericanos
Embajadora World Wide Peace Organization Sevilla
Embajadora Cultural Cámara Internacional de Escritores y Artistas Barcelona
Miembro Honorífico Fórum Literatura de Paz IFLAC Sevilla
M H Unión Mundial Poetas Por la Paz y la Libertad UMPPL Brescia Italia

ÍNDICE DE TEMAS

IMPORTANCIA DE LOS BOSQUES

La pandemia por COVID-19 nos ha enseñado que la pérdida y la degradación de los bosques es uno de los factores que contribuyen a perturbar el equilibrio de la naturaleza y a aumentar el riesgo y la exposición a enfermedades zoonóticas, las causadas por microbios de origen animal.

No es algo nuevo, la malaria, el ébola, el zika, el dengue, la enfermedad de Lyme están asociadas a la alteración y la pérdida de hábitats a causa del cambio del uso de la superficie forestal.

LOS BOSQUES. MARAVILLOSOS ESCUDOS CONTRA LOS VIRUS.

Los bosques albergan la mayor parte de la biodiversidad del planeta. Son el hábitat del 80% de las especies de anfibios, el 75% de las de aves y el 68% de las de mamíferos.

Tienen un efecto protector por la abundancia de biodiversidad contra la propagación de los virus. Los sistemas naturales inalterados reducen la posible transmisión de enfermedades, ya que los agentes patógenos se diluyen entre la diversidad de especies, limitando de esta manera e incluso bloqueando su expansión.

Se considera que los cambios en el uso del suelo y la destrucción de los hábitats naturales, como los bosques tropicales, son responsables de al menos la mitad de las zoonosis emergentes. Además de la desaparición de especies, esta realidad hace que las personas y animales de granja tengan un contacto directo con especies de animales a las que nunca se habían aproximado y con ello a las enfermedades que puedan albergar.

Hay estudios que muestran que el declive de algunas poblaciones de animales silvestre puede favorecer la explosión de otras, como pequeños roedores, que se adaptan bien a los ecosistemas alterados por los humanos, con una carga vírica considerable.

Los bosques actúan como barrera de inundaciones.

La deforestación es un mal que tenemos que detener, la tasa de pérdida neta de bosque disminuyó en la última década, también se han perdido 4,6 millones de hectáreas de bosque al año, según el informe El Estado de los Bosques del Mundo presentado en verano por Naciones Unidas, organización que también advierte de que aún faltan 25 años para llegar a la meta de acabar con la deforestación, un compromiso que debía haberse cumplido en 2020.

SABÍAS QUE DEPENDEMOS DE LOS BOSQUES

- El 70% de la humedad atmosférica generada en las áreas terrestres proviene de ellos.
- Más del 75% de los cultivos del mundo dependen de los polinizadores que habitan en las zonas boscosas.
- Mil millones de personas buscan directamente su alimento en ellos. Son claves para la mitigación y la adaptación climáticas.
- Filtran el aire y el agua, actúan como barrera ante las inundaciones.
- Reducen la erosión del suelo.
- Crean microclimas.

Pintura Dr. Ernesto Kahan 2019 Acrílico al tela 90cm x 70 cm. Ofrecida a los niños para esta Edición especial en Homenaje a los Bosques.

Le pregunté a los árboles milenarios sobre la hierba y nuestro planeta Tierra

Poemas extractados del poemario:

*Kahan, Ernesto. Ante réquiem y En Camino, pag. 21,25 y 29.
Ed Dunken 2012 Buenos Aires*

Después que la luz, separada fue de las tinieblas
y que las aguas se hicieran dulcemente dulces,
regresaron las tinieblas que andan secando
las aguas y llora el verdor de la hierba.
Pena la semilla-hierba abandonada,
pena por todo ello el viejo árbol
y aguarda la muerte, la vida.
¡Ay los contaminantes!
¡Ay por la ecología!
¡Ay el porvenir!
¡Ay hombre!
¡Bendita seas!
Madre hierba
¡Bendita seas!
Buscando los secretos
en el árbol de la fruta nueva
de la madre hierba
¡Bendita seas!

Coro de niños
no cierren la puerta
antes de nuestro pasar
Libre sea
el agua para los manantiales
para los cursos y las plantas
Libre sea
el andar por el camino
el juntar los perfumes para las mariposas

MEJORES ALIADOS FRENTE AL CAMBIO CLIMÁTICO

Protegiendo a los bosques y a los océanos de contaminación estaríamos conservando el método más natural y efectivo para absorber y secuestrar CO2. Su capacidad es extraordinaria.

Hay estimaciones que establecen que un árbol almacena de media unos 22 kilos de CO2 al año.

Las selvas tropicales retienen 250.000 millones de toneladas de dióxido de carbono, solo en los árboles, lo que equivale a 90 años de emisiones globales.

Los bosques europeos secuestran aproximadamente el 10% del total de los gases efecto invernadero emitido por la Unión Europea.

 En España, los bosques fijan una tonelada de carbono por hectárea al año.

Según la Organización de las Naciones Unidas para la Alimentación y la Agricultura, la deforestación es la segunda causa más importante del cambio climático (la primera es la quema de combustibles fósiles).

TENEMOS QUE HACER ALGO PARA CAMBIAR LA MENTALIDAD DE GOBIERNOS Y SOCIEDAD.

Para que así entiendan que los bosques y árboles en general contribuyen de forma esencial a la salud del planeta.

Las tres cuartas partes del agua dulce accesible del planeta provienen de cuencas hidrográficas boscosas (bosques que no paran de perder y perder árboles).

Te proponemos que en este Día Internacional de los Bosques, aunque no podamos salir fuera de casa a distancias largas por la pandemia del coronavirus y darte un baño de ellos, intenta concienciarte de la importancia que tienen en tu vida y en la de los tuyos.

En el oriente ecuatoriano, perteneciente al Amazonas la zona más salvaje del país, una región inmensa y una de las menos alteradas del planeta viven muy pocos seres humanos. Casi todos pertenecientes a pueblos indígenas bajo amenaza de extinción, como los achuar, los secoya, los shuar, los siona, los huaorani o los zaparo, que luchan para conservar su forma de vida tradicional frente a las tentaciones (y presiones) de la vida moderna.

Pero la auténtica riqueza de la región es su apabullante biodiversidad. En el interior de la selva vive el 50% de los mamíferos del país y el 5% de las especies de plantas de la Tierra.

Los viajeros pueden llegar hasta los refugios más remotos de la jungla, pescar pirañas en silenciosos lagos, oír el grito amenazador de los monos aulladores, ver los brillantes ojos del caimán de noche, admirar a los coloridos loros dándose un banquete y, con suerte, vislumbrar a un gran mamífero como el tapir o el jaguar. Pero esta región no solo es jungla: también ofrece los mejores baños termales del país, la cascada más espectacular, los volcanes más activos y formidables aguas bravas. No es fácil adentrarse en ella de hacerlo significará una verdadera experiencia llena de aventuras.

IMPORTANCIA DE LA BIODIVERSIDAD EN LA NATURALEZA.

El brote de coronavirus representa un riesgo enorme para la salud pública y la economía mundial, pero también para la diversidad biológica. Sin embargo, la biodiversidad puede ser parte de la solución, ya que una diversidad de especies dificulta la propagación rápida de los patógenos.

Este Día de la Madre Tierra, coincidiendo con el Súper Año de la Biodiversidad, se centra en el papel de la diversidad biológica como indicador de la salud de la Tierra.

Igualmente, cada vez es más evidente su impacto en la salud humana. Los cambios en la biodiversidad afectan al funcionamiento de los ecosistemas y pueden ocasionar alteraciones importantes de los bienes y servicios que estos proporcionan. Los vínculos específicos entre la salud y la biodiversidad incluyen posibles impactos en la nutrición, la investigación sanitaria y la medicina tradicional, la generación de nuevas enfermedades infecciosas y cambios significativos en la distribución de plantas, patógenos, animales e incluso asentamientos humanos, algo que puede ser alentado debido al cambio climático.

A pesar de los esfuerzos actuales, la biodiversidad se está deteriorando en todo el mundo a un ritmo sin precedentes en la historia humana. Se estima que alrededor de un millón de especies animales y vegetales se encuentran actualmente en peligro de extinción.

Con este panorama general y el escenario del coronavirus, nuestra prioridad inmediata es evitar la propagación de COVID-19, pero a largo plazo, es importante abordar la pérdida de hábitat y biodiversidad.

Estamos en esta lucha juntos con nuestra Madre Tierra. **ARTEMITO SE UNE A LOS AMIGOS DE LA NATURALEZA.**

¿Qué podemos decirles a estas criaturas tan majestuosas sobre sus árboles, sus espacios, sus bosques?

Ellos tienen derechos a ser respetados, también quieren criar a sus hijos y vivir en paz con la bella naturaleza que les rodea. ¿Por qué no aprendemos a convivir en armonía? **El planeta es de todos, cada criatura tiene un espacio y sí, podemos vivir todos, respetándonos y protegiendo a los más vulnerables. HAGÁMOS DEL PLANETA UN MUNDO MEJOR**

La Madre Tierra claramente nos pide que actuemos. La naturaleza sufre. Los incendios en Australia, los mayores registros de calor terrestre y la peor invasión de langostas en Kenia... Ahora nos enfrentamos a COVID -19, una pandemia sanitaria mundial con una fuerte relación con la salud de nuestro ecosistema.

El cambio climático, los cambios provocados por el hombre en la naturaleza, así como los crímenes que perturban la biodiversidad, como la deforestación, el cambio de uso del suelo, la producción agrícola y ganadera intensiva o el creciente comercio ilegal de vida silvestre, pueden aumentar el contacto y la transmisión de enfermedades infecciosas de animales a humanos (enfermedades zoonóticas).

De acuerdo con PNUMA (Programa de las Naciones Unidas para el Medio Ambiente), una nueva enfermedad infecciosa emerge en los humanos cada 4 meses. De estas enfermedades, el 75% provienen de animales. Esto muestra las estrechas relaciones entre la salud humana, animal y ambiental. El impacto visible y positivo del virus, ya sea a través de la mejora de la calidad del aire o la reducción de las emisiones de gases de efecto invernadero, no es más que temporal, ya que se debe a la trágica desaceleración económica y la angustia humana.

Recordemos el Día Internacional de la Madre Tierra 22 de abril, necesitamos un cambio hacia una economía más sostenible que funcione tanto para las personas como para el planeta. Promovamos la armonía con la naturaleza y la Tierra.

"Amazonas fibras de alma"

Yolanda Ma Jorge Besteiro

Amazonas americano

Biodiversidad en estado puro

Refugias en tus junglas

Criaturas más que terrenales, celestiales

Con aguas termales y cascadas

Volcanes y aguas bravas

Resguardas de la cruel oscuridad

de este mundo a los que te aman

Indígenas que palpitan en tus pulmones de selva

Sionas, achuar, secoyas, huaorani, zaparos

Que con sus vidas rememoran los pasos

De los ancestros de América

Incas, mayas y aztecas

Que revolotearon como águilas

y pasearon los andinos altiplanos.

Escondes en tus bosques

Selva viviente cargada de energía

Rebozas pasión en los corazones

De las fieras salvajes que escondidas

tras el verdor de tus plantas

Crean nueva vida y descendencia amenazada

Que sólo bajo tu cobertura perdurarán en el mañana.

Cascada Salto de Eyipantla Selva Tropical Veracruz México

Acrílico sobre tela Diente de león
Mono ardilla selvas suramericana. Lápiz de color

Elefante. Puntillismo sobre papel y tinta china.

Eduardo Reyes Escudero Profesor y Pintor Muralista. México. Autor de la Obra de Portada de esta Edición Especial en Fusión Digital.

Tu Refugio en el Lago (Veladuras sobre lienzo) 2020.

Pigmento con aceite 1999

Fotografía

Tres bellas obras de Manuel Garrocho Escobar Pintor Muralista y Fotógrafo Sevilla España.

Como curiosidad y para vuestro conocimiento el Día Mundial de la Vida Silvestre 3 de marzo de cada año se celebra solamente desde el 2013.

Fecha proclamada por la Asamblea General de las Naciones Unidas, como conmemoración al Aniversario de la aprobación en 1973 de la Convención sobre el Comercio Internacional de Especies Amenazadas de Fauna y Flora Silvestres.

Otra de las causas por las que hay que hacer leyes más duras, es porque el hombre saquea los ecosistemas, asesina por placer, secuestra para vender y lucrarse de inocentes criaturas que fuera de sus hábitats si sobreviven, están condenadas a la muerte.

Y la flora de igual manera, si usamos pesticidas y plaguicidas con químicos tóxicos aniquilamos la especie diana para la que se preparó el plaguicida, pero también con muchas otras, que son necesarias para la función de polinización, indispensable para la reproducción de las plantas y sin éstas no hay propagación de semillas. Además de erosionar el suelo muchos animalitos que viven en los suelos gusanillos, lombrices, entre muchos otros mueren por esta causa y además también mueren los microorganismos y microbiota que vive en la superficie del suelo, de la que las plantas se nutren y viceversa.

APRENDIENDO MÁS SOBRE LOS ANIMALES Y SUS CARACTERÍSTICAS.

Les presentamos a la bellísima Mantis Religiosa.

Si sales de paseo durante esta época del año, quizá te encuentres con uno de los insectos más intrigantes del mundo: las mantis religiosas. Pese a sus brazos serrados y sus ojos de extraterrestre, no suponen ninguna amenaza, a no ser que seas un insecto, un gecko o un colibrí.

Sydney Brannoch, experta en mantis del Museo Cleveland de Historia Natural, explica que las mantis religiosas de las Américas están siempre, sólo que aparentemente son más abundantes a finales del verano y en otoño, haciéndose más visibles, porque entre otras cosas, es época de apareamiento.

Este voraz insecto se alimenta de ranas, lagartos, salamandras, tritones, musarañas, ratones, serpientes, tortugas pequeñas de caparazón blando e incluso un murciélago pequeño en una ocasión y pequeños colibríes.

Está claro que estos insectos son depredadores voraces, pero ....¿Pueden las mantis religiosas hacer daño a un humano?

Es muy improbable. Las mantis religiosas no son venenosas y no pueden picar. Tampoco son portadoras de enfermedades infecciosas.

Aunque algunas variedades como la especie de África oriental Leptocoloa phthisica pueden alcanzar los 25 centímetros de largo, tienen la boca más bien pequeña.

Son animales carismáticos y hermosos, y nos queda mucho por descubrir al respecto, si te e encuentras con estas curiosas criaturas, no les hagas daño ni permitas que otros se lo hagan. Muchos niños acostumbran a cazar insectos y lagartijas para utilizarlos de sebo para arañas y serpientes. No lo hagas, sacarlas de sus hábitats las deprime, estresa y termina muriendo. Son de gran ayuda al hombre donde quiera que se encuentren. _Este artículo se publicó originalmente en inglés en nationalgeographic.com._

Si estas cansado de que tus plantas se vean mordisqueadas por insectos, y son muchos para matarlos a mano o muy pequeños para verlos, liberar una mantis religiosa en tu huerto es la solución.

Sin utilizar pesticidas, las mantis mantendrán a esos insectos destructivos bajo control.

Podremos decirle adiós a cucarachas, moscas y mosquitos, escarabajos, saltamontes y los fastidiosos pulgones que son difíciles de ver.

Pero OJO no hay que pasarse, los agricultores recomiendan no tener multitud de mantis en el huerto, ya que devoran todos los insectos sean invasivos o benéficos.

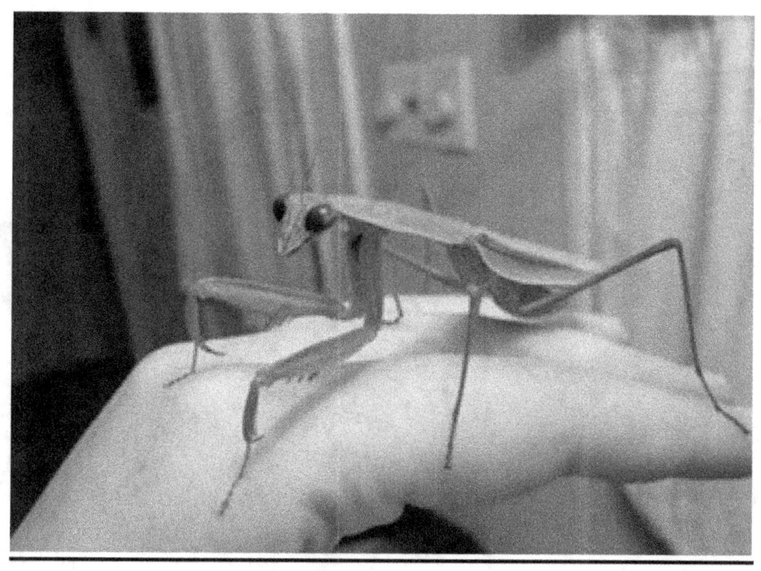

Tienen un gran tamaño, pero ya ves que no hacen daño al ser humano, no las dañes tú tampoco.

1. Oso pardo

El oso pardo, o *Ursus arctos*, es un enorme animal del bosque su pelaje es grueso, espeso y robusto de color pardo, crema y hasta negros. Sus patas fuertes mueven rocas de gran tamaño y sus pequeños ojos tienen un color semejante a su pelaje.

A pesar de su fiera apariencia similar a la de los carnívoros, el oso pardo es un animal omnívoro se alimenta casi completamente de plantas y frutos, aunque utiliza su gran mandíbula y sus enormes garras para defenderse de los depredadores. Habita los bosques de América del Norte, Europa y Asia e hiberna en la época de invierno.

2. Búho

El búho (*Bubo bubo*) es un animal mayormente nocturno que se caracteriza por su aguda visión y su gran tamaño, ya que alcanza los 1,7 metros de longitud cuando expande sus alas. Es considerada el ave más inteligente del mundo y vive hasta 60 años.

En cuanto a su apariencia, el búho posee unos grandes ojos protegidos por tres párpados, además de un plumaje abundante de tonalidades variadas y 14 vértebras en el cuello que le permiten girarlo en un ángulo de 360 grados. Es un animal que vive en bosques templados y zonas semidesérticas

El jaguar, o *Panthera onca*, es otro de los animales que viven en el bosque que debes conocer.

Es un felino que únicamente se encuentran en los bosques del continente americano, donde se ha convertido en uno de los depredadores dominantes.

Es un animal carnívoro y atrapa a sus presas con sus enormes garras y su fuerte mandíbula, capaz de atravesar casi cualquier cosa. Es un animal muy solitario, excepto en épocas de apareamiento. Tiene de 2 a 4 crías por camada y estas permanecen con su madre hasta los dos años.

<u>4. Mapache</u>

El mapache (*Procyon cancrivorus*) es un animal del bosque que vive cerca de los ríos. Su pelaje es gris en el lomo, con tonalidades blancas en las patas y rayas oscuras en la cola. Además, posee una especie de antifaz oscuro alrededor de los ojos. Es un animal omnívoro, por lo que se alimenta frutos, vegetales, ranas y pequeños insectos. Prefiere la noche para atrapar a sus presas, pues cuenta con una excelente vista.

Es también un animal solitario y forma cortos vínculos cuando se trata de tener crías, pues los machos interactúan con ellas poco más de un mes.

5. Panda gigante

El panda gigante, o *Ailuropoda melanoleuca*, es un animal del bosque templado caracterizado por su pelaje blanco y negro, por lo que resulta especial a la vista. Tiene excelente sentido de la audición y del olfato, pero su visión es pobre.

Mide hasta 1 metro 80 centímetros y pesa 150 kilogramos.La comida favorita de estos peludos animales es el bambú, el cual representa casi la totalidad de su dieta, aunque algunos también consumen pequeños insectos y hasta ratones.

Su carácter es muy tranquilo y acostumbran a dormir prácticamente durante todo el día en los bosques templados donde habitan.

El tigre (*Panthera tigris*) es considerado el felino más grande del mundo.

Es muy ágil y tiene grandes habilidades, posee una excelente visión para identificar a su presa a grandes distancias, incluso durante la noche. Además, puede nadar y capturar a sus presas en el agua.

Es carnívoro y sus principales presas son ciervos, búfalos, cocodrilos, peces, aves, reptiles e incluso osos. Es un mamífero territorial, por lo que ataca de forma inmediata si detecta cualquier intruso. Es un animal que vive en los bosques y las praderas del este y sudeste de

Asia.

7. Ciervo

El ciervo, o *Cervus elaphus*, es un mamífero que habita

los bosques mixtos, aunque también se encuentra en

valles y zonas frías como el ártico. Se caracteriza por sus

enormes astas formadas por hueso, las cuales utiliza para

marcar territorio y defenderse de otros animales, a pesar

de que no dejan heridas mortales.

El cuerpo del ciervo posee extremidades fuertes y

flexibles, además de patas largas que le permiten

desenvolverse en el terreno. Se alimenta de hojas, cortezas y hierbas.

8. Lince

El lince (*Lynx rufus*) es un felino que habita los bosques europeos. Es carnívoro y caza valiéndose de sus grandes garras; sus principales presas son ciervos, aves, liebres y peces, pues son excelentes nadadores.

El lince no es un corredor veloz, por lo que se vale de la emboscada y la sorpresa silenciosa para atrapar a sus presas. Vive hasta 15 años en su hábitat natural y 25 años en cautiverio.

<u>9. Pájaro carpintero</u>

El pájaro carpintero, o *Colaptes melanochloros*, es un ave de largo pico que utiliza para perforar el tronco de los árboles y diferentes superficies de madera con el objetivo de extraer todo tipo de insectos.

Se le conoce como carpintero en todo el mundo porque el sonido que hace al picotear los árboles es fuerte y se asemeja a un martillo golpeando la madera. Su plumaje es negro con tonalidades blancas, marrones y verdes, además de una característica cresta roja. El pájaro carpintero es uno de los animales que viven en los bosques templados de grandes árboles.

10. Gorila

El gorila (*Troglodytes gorilla*) es un primate de pelaje oscuro que habita los bosques costeros del continente africano. Los machos pesan hasta 190 kilogramos y miden 2 metros de altura, mientras que las hembras miden 1,6 metros y pesan alrededor de 90 kilogramos.

El gorila posee extremidades fuertes y largas, siendo las superiores mucho más grandes que las inferiores. Son animales muy inteligentes, usan herramientas para alimentarse, palos y pequeñas piedras Se alimenta de frutos y hojas.

11. Demonio de Tasmania

El demonio de Tasmania, o *Sarcophilus harrisii*, es un pequeño marsupial que habita los oscuros bosques de Tasmania. Se caracteriza por emitir un chillido estrepitoso que se escucha a varios kilómetros de distancia, además unos pequeños ojos y unos afilados dientes que hicieron que los primeros colonos lo llamaran "demonio".

Tiene hábitos nocturnos y es carnívoro. Se alimenta de carroña, aunque en ocasiones consume algunas frutas o plantas. A pesar de su pequeño tamaño, es un animal muy hábil, pues escala las ramas de los árboles de forma sencilla y veloz.

12. Rana de bosque

La rana de bosque (*Lithobates sylvaticus*) es un pequeño anfibio de tan solo 51 milímetros de longitud. Es un animal que vive en los bosques y las zonas húmedas donde prevalece el agua dulce. Su cuerpo puede ser castaño oscuro, negro o verde.

La rana de bosque es extremófila, lo que significa que soporta bajas temperaturas hasta el límite de congelarse y sobrevivir. Apenas sale de esta etapa de congelamiento, busca una pareja para reproducirse. Se alimenta de todo tipo de insectos que atrapa con su lengua.

Según informaciones publicadas en prensa por el PNUMA existen 31 países que carecen totalmente de acceso a fuentes de agua limpia. De cada cuatro personas una, no alcanza el agua pura y más de cinco millones de personas mueren cada año por aguas contaminadas.

De ahí que desde Aqüitín les invitemos a todos los lectores niñas, niños y jóvenes desde sus ámbitos en los hogares, colegios e institutos a que colaboren en este sentido al ahorro del agua y enseñen a sus padres que se educa con el ejemplo.

Queremos contar con el apoyo de todos ustedes que son los que continuarán esta obra en el mañana y heredarán nuestras deficiencias. Por eso necesitamos de todos.

La naturaleza nos necesita y no es momento de posponer esta tarea.

En el 1er número de Aqüitín te contamos lo que era un tsunami y sobre sus consecuencias en la India.

Te mantenemos informado de los eventos que continúan ocurriendo tras la tragedia ocurrida en ese lugar y los problemas que se están generando a través del agua donde las inundaciones provocadas por el tsunami en la India la principal amenaza es el agua estancada.

"El agua estancada puede ser tan mortal como el agua en movimiento" -declaró ayer la directora ejecutiva de UNICEF, Carol Bellamy-.

"Las inundaciones han contaminado los sistemas de agua, dejando a la gente con pocas opciones, excepto utilizar el agua contaminada de la superficie. Bajo estas condiciones, la gente lo tiene muy difícil para protegerse del cólera, la diarrea y otras enfermedades mortales".

Los niños y las niñas, que constituyen al menos un tercio de la población total en los países más afectados, son especialmente vulnerables a las enfermedades que se transmiten a través del agua.

Las pastillas de purificación de agua y las sales de rehidratación oral para combatir la diarrea forman parte del primer envío de la UNICEF a las áreas más afectadas de Sri Lanka.

La contaminación de los recursos de agua potable y la sobrecarga de los servicios de atención médica pueden dar lugar a la propagación de enfermedades.

Los niños y niñas afectados en la zona del maremoto presentan enfermedades que están directamente relacionadas con la prevención y el tratamiento de la malaria, enfermedades relacionadas con la falta de agua potable (cólera, disentería, diarrea), sarampión, tétanos y enfermedades respiratorias.

La malaria y el dengue son epidemias que, en la actual situación, con aguas estancadas, se favorece la reproducción de estos mosquitos.

NIÑOS ESCRITORES, POETAS E ILUSTRADORES

" LA BONDAD DE LA NATURALEZA "

Ángely Tatiana Bernal Quintero. Pupiales Colombia (7 años).
A su corta edad es una reconocida Declamadora premiada a nivel Nacional e Internacional.

Cómo empezaría mi cuento, había una vez...

En un País muy lejano...Creo que sí, me gusta este inicio.

En un país muy lejano, llamado Colombia y más exactamente en un Pueblo muy pequeño donde vivo yo, Ángely.

Tengo 7 años, curso segundo de educación primaria, me encanta la lectura de cuentos y narraciones; saben son divertidas y me transportan a mundos fantásticos.

y con este relato quiero que otros niños como yo, conozcan mi hermoso pueblo.

Se llama Pupiales y mi abuela me explicó que está al sur de Colombia y tenemos como país vecino al Ecuador.

Bueno es un pequeño pueblo lleno de casas pequeñas, no hay edificios como en las ciudades; lo más grande que miro, son sus dos templos que los miro como dos gigantes.

Alrededor de sus casas hay mucho espacio de Naturaleza, de sembrados de maíz, papa, arveja y verduras y en especial muchos árboles, flores y montañas; es por eso que las mariposas y los pajaritos tienen sus hogares aquí.

Cuando salgo a pasear en un día soleado me gusta escuchar los ruidos y cantos de las aves y corro tras de las hermosas mariposas.

Que hermoso paraíso, dónde puedo ser libre por sus verdes prados y disfrutar de su aroma de campo...

Recoger flores de tantos colores, recostarme y mirar hacia el cielo y descubrir tantas figuras de animalitos en las nubes del cielo, gritar en voz alta que amo todo esto y sé que la bondad de la naturaleza actuará a favor de nosotros los seres humanos y volveremos a disfrutarla sin miedo.

Ella nos está invitando nuevamente para ser parte de su grandeza, cuidándola y Amándola por Siempre.

"GOTITAS DE CRISTAL"

Ángely Taliana B. Quintero País. Colombia Edad. 7 años.

Con asombro miro al cielo
cuando empieza una nube a gritar,
allá van, allá van...!!
esas preciosas gotitas de cristal.

Recógelas en un tazón,
éste precioso líquido,
Recíbelo con amor,
las plantas lo agradecen
y las aves por igual.

Oh, preciadas gotitas de cristal,
que dan a la tierra,
Vida y Felicidad.

El árbol gigante

Había una vez un lindo jardín, con verde follage y variedad de frutos, allí vivian muchos animales

Por el jardin pasaba una pequeño corriente de agua, que nacía de un árbol gigante, quien cuidaba aquel árbol era una tranquila tortuga, que siempre compartía el valioso líquido.

Un dia el leon se apodero del árbol, para ser dueño del agua y todos clamaron su ayuda.

Todos los animales tenian mucha séd, la tierra ya no daba frutos y unas plantas comenzaron a marchitarse y otras murieron.

Uno a uno fueron los animales a rogarle al león que compartiera el agua, pero todo fue imposible.

La tortuga que era la mas sabia de todos aconsejo: que se deberian unir para lograr tener el agua.

El loro con su astucia logro distraer al leon, mientras los demas derribaron el árbol al tiempo, el arbol comenzo a tambalearse y arroja grandes gotas de agua. No aguantando más la fuerza de los animales, el árbol cayo, y algunas ramas quedaron en el cielo y formaron las nubes, y las que cayeron a la tierra formaron ríos, y el tronco formo el grandioso mar.

Desde ese dia los animales tienen con que calmar la séd y disfrutar los beneficios del agua.

"Todos somos dueños del agua
debemos cuidarla"

Escrito por: Luis Fernándo Hernández

Colombia

LA GOTITA CURIOSA

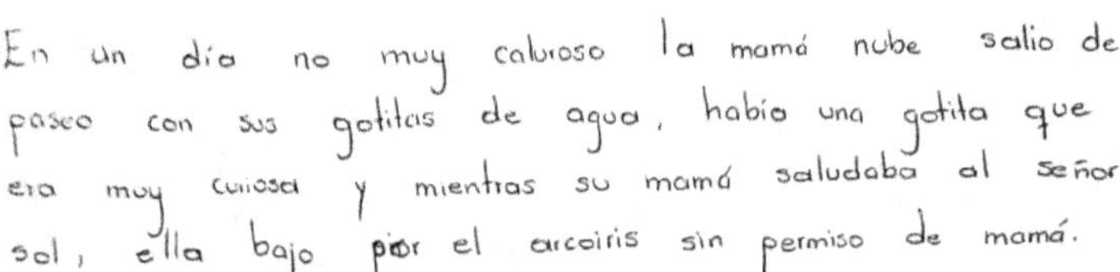

Escrita por: Pablo Gabriel Zambrano Hernández
Grado: Segundo A
Colegio Normal Superior Pio XII

En un día no muy caluroso la mamá nube salio de paseo con sus gotitas de agua, había una gotita que era muy curiosa y mientras su mamá saludaba al señor sol, ella bajo por el arcoiris sin permiso de mamá.

La gotita cayó en un campo muy bonito, lleno de flores, mariposas y árboles, ella caminaba y refrescaba todo a su paso, hasta que llego a un rio lleno de malos olores y basura, él le dijo que eso no era nada, que él era su tio y que podía jugar todo lo que quiera la gotita muy curiosa y confiada empezo a jugar con él mientras más jugaba su color fue cambiando, cada vez se volvía más oscura y su olor era muy feo, al darse cuenta de eso la gotita salio corriendo donde sus amigas flores, cuando les conto todo lo ocurrido y las abrazo sus amigas se marchitaron, lo mismo paso con los árboles y el prado, la gotita estaba muy triste por todo el daño que causo, en medio de sus lágrimas miro en el horizonte un globo, ella salió en su búsqueda y cuando lo tomo el globo la llevo nuevamente a su casa, donde su mamá nube.

La mamá nube al mirar a la gotita la regaño por haberse escapado, la gotita pidio disculpas y le explico todo lo ocurrido, mamá nube reunio a las demás nubes y durante todo la noche limpiaron todo el campo con la lluvia

A la mañana siguiente mamá nube y el señor sol se saludaron formando nuevamente el arcoiris y nuestra gotita curiosa volvio a jugar con sus amigos, pero esta vez con permiso de su mamá nube.

trabajo rrealisado por pablo

y FIN

"Burbujas de nieve"

Alejandra Chamorro Coral
Colombia

Agua cristalina como nieve

Indispensable en la vida

Viajas por el mundo sin fronteras

De norte a sur y del sur a norte

Por ríos arroyos y mares

Nadie puede detenerte

por tu fluidez burbujeante

Con fuerzas te deslizas

Arrasando lo que encuentras a tu paso

Pero eres mágica poderosa e inalcanzable

Tus grandes olas vuelan alto

Y tu ruido es quebrantable a mis oídos

Por eso me vuelvo frágil ante ti.

"Nube mágica"

Valerie Carbajal Chamorro
Pupiales Colombia

Agua eres sustento diario

Símbolo de pureza

Generas salud y bienestar

Eres divertida juegas con el mar

Con el sol reflejas destellos de luz

Al llegar al ocaso

Se oculta el sol

Tu inocencia calma tu caudal.

Agua cristalina calmas mi sed

Hidratas mi cuerpo y nos das vida.

Sintámonos comprometidos en la protección de nuestra agua.

"LAS NUBES"

Las nubes, juguetonas como de costumbre, parecían ser un grupo de chiquillos jugando con una pelota, pero de pronto vi aparecer ante mis ojos una palabra: CULPA.

Otras nubes cambiaron su forma: MADRE, AYUDA, PROTEGER, DAÑO... Pronto descubrimos que no era un fenómeno aislado. Tres meses nada había cambiado. El viento había dejado de soplar, la lluvia ya no existía. Ninguna nube perdía el color blanco, ninguna daba señal de tormenta. El tiempo en todo el planeta se había uniformado.

Cosechas perdidas, embalses estaban bajo mínimos, la economía pendía de un hilo y los gobiernos no eran capaces de encontrar una solución. Decenas de expertos llevaban reunidos y solo habían comprendido que las nubes querían transmitir un mensaje, pero no eran capaces de descifrarlo.

De repente, un año después, una nube cambió su blanco impoluto por el negro. La palabra que se podía leer en esa nube era: A. Y como si de un juego de dominó se tratase, más nubes se tornaron oscuras como la noche más infernal. Ahora el mensaje se

componía de cuatro palabras, a saber: A TODA LA
HUMANIDAD.

Y llegó el día en que todo el mensaje fue descubierto. A
toda la humanidad:

Mis polos se derriten por efecto de la destrucción de la
capa de ozono, los bosques desaparecen gracias a la
deforestación, cientos de especies se extinguen cada
año y vosotros no paráis de acumular más y más
basura, contaminado los océanos y los ríos. Y no solo
mis ríos sufren, también respiros compuestos químicos.
Yo he llegado a mi límite. He esperado un cambio, pero
este no se ha producido. De verdad lo siento, pero tras
esperar durante años una señal de cambio veo que no
es posible, me he dado cuenta de que: si quieres que
algo se haga bien, hazlo tú mismo…

La lluvia tan esperada comenzó a caer. Pronto la
alegría se convirtió en terror. Los cielos estaban
descargando las lluvias acumuladas durante un año.
Toda vida fue barrida y la tierra quedo despoblada.
Ahora podría volver a empezar de nuevo.

"La cascada de cristal"

Juan David Benavides Vázquez
Colombia

Érase una vez una hermosa gota de agua que vivía muy feliz en la cascada de cristal, todos los días recorría su sendero contemplando el hermoso lugar, vivía con su gran amigo el árbol al que llamaba "palo de pan".

Palo de pan desde su altura observaba todos los días como la gota de agua disfrutaba en la cascada de sus aguas cristalinas. Y al anochecer se adormecía en sus hojas brindándole toda su energía para poder subsistir.

Había llegado el verano y palo de pan se sentía muy cansado, pues el calor del señor sol secaba sus raíces y sus hojas se las llevaba el viento, al ver tan triste a su gran amigo quiso visitar al señor sol, pero debía pasar por varios lugares que no le garantizaban poder regresar a su hermoso lugar, pero su amistad era muy fuerte y tenía que ayudar a palo de pan.

Al amanecer sin que su amigo la viera huyó, al llegar al bosque con gran angustia observaba como el fuego acababa con grandes árboles y con voz muy fuerte llamó a la señora lluvia antes de que saliera el señor sol. De inmediato llegó la lluvia y apagó al voraz incendio y así la gota logró atravesar el bosque y llegar a la montaña donde vivía el sol.

De repente vino una gran avalancha que la arrastró hacia las afueras de una ciudad, gota de agua estaba muy perturbada y cayó en los tubos de aquella ciudad se sentía sucia y olía desagradable y para colmo quedó atascada, sentía que la estropeaban con cosas extrañas, botellas, comida, papeles que venían desde arriba de ese lugar.

Desde el fondo del lugar se escuchaba una voz que decía: - ¡Si quieres salir de aquí debes limpiar la puerta principal que está por acá!

La gota quería llegar hasta el fondo del lugar, pero le era imposible pasar, de repente llegó un ratoncito en busca de comida y al mirar a la gota le dijo: - ¿Qué hace una gota tan hermosa en estos lugares?

Ella respondió: - Vengo a la cascada de cristal y ahora no sé regresar

-No temas yo te ayudaré le dijo el ratoncito.

El ratoncito llamó a todos sus amigos y así pudieron limpiar aquel lugar, lograron destapar la puerta principal y así el agua siguió su caudal. LA gota se sentía muy agradecida e invitó al ratoncito a pasar unos días a la cascada de cristal, pero antes necesitaba ver al señor sol para que su amigo palo de pan no se durmiera para siempre. El ratoncito la llevó al mar el cual la llevaría hacia las montañas del oriente.

En el mar se encontró con muchos pececitos de colores que la invitaban a quedarse para jugar con las enormes olas y le advertían que no se alejara mucho del mar porque se podía perder, y la gota se dejaba guiar en dirección de la corriente a medida que el mar la llevaba hacia el oriente.

 A la orilla del mar vio una enorme montaña de la que salían rayos muy luminosos y con alegría se dirigió hacia ella, pero a medida que se acercaba sentía que se derretía, así fue como se derritió poco a poco y ahora se había convertido en una masa de vapor y con mucha fuerza llegó a las nubes donde se encontró con mas gotitas iguales a ella

Desde lo más alto pudo observar a su amigo palo y junto a las nubes amigas decidieron ayudarlo haciéndole caer un gran refresco de lluvia y su amigo estaba feliz con mucha energía, pues el agua cayó y sus semillas habían germinado, y la cascada de cristal resplandecía con grandes colores rodeada de hermosas gotas.

Ahora el señor sol sale por periodos cortos y cuando los bosques y los ríos se sienten en apuros llaman a las nubes para que envíen gotitas de agua y todos puedan vivir con mucha felicidad.

FIN

"Una visita al páramo"

Emily Sofía Enríquez
Colombia

Érase una vez un niño llamado Luis, junto con sus padres fueron a visitar el páramo de la paja blanca para que conociera a los frailejones, las orquídeas, las chupallas, mortiños, musgos y las diferentes especies de flora y fauna del lugar. Cuando llegaron a lo alto de una montaña se encontraron con una fuente de agua cristalina que brotaba d ellos musgos y plantas del suelo.

Luis estaba maravillado, los tres siguieron caminando, José el padre sintió hambre y sacó golosinas de su mochila que compartieron, pero dejaron la basura tirada en el suelo los tres irresponsables. Por fortuna el duende Alegrín veía el comportamiento de los visitantes y fue a buscar al resto de los duendes que habitaban allí.

Todos los duendes enfadados planearon darles una lección, mientras los visitantes tuvieron frío y buscaron un lugar seco para hacer una fogata, y al encender el fuego empezó a expandirse a gran parte de la vegetación.

Todo se estaba quemando y los duendes al verlo con su magia provocaron con magia que viniera lluvia que apagó el fuego, pero no conforme con esto, Leticia la madre de Luis arrancaba plantas del páramo para llevarlas de adorno a su casa. Todo esto aumentó la ira de los duendes y la abordaron molestos por el comportamiento y se mostraron agresivos asustándolos y empezaron a ahuyentarlos con fuertes gritos, risas escandalosas y torbellinos de fuertes vientos de magia, llantos y ruidos.

 Los visitantes asustados bajaron como pudieron de lo alto de la montaña, mientras los duendes les lanzaban la basura que habían dejado pidiéndoles que se marcharan sin contaminar ni manchar el páramo y cuidaran el agua.

Cuando descendieron de la montaña, los duendes desaparecieron, y Luis y su familia empezaron a recobrar la calma, en eso se encontraron con la señora Rosa Aura protectora del páramo y angustiados le contaron lo sucedido.

La señora también molesta les llamó la atención, explicándoles que el páramo es la principal fuente de agua de algunas comunidades. Y las formas de cuidar, sostener y conservar las vertientes de agua, les habló de la reforestación, la mantención d ellos suelos, la protección de las especies de flora y fauna y todo el ecosistema que necesita de un equilibrio para su buen funcionamiento.

Luis y sus padres comprendieron su error y desde ese día hacían actividades para concienciar a las personas sobre el cuidado del páramo y las fuentes de agua. Haciéndoles ver que es un recurso limitado porque influyen la tala de árboles, la contaminación d ellos ríos y quebradas, intoxicación del suelo por los fungicidas de los cultivos, y porque las personas arrojan basura y plásticos.

Desde entonces Luis es feliz visitando los páramos y aprendiendo sobre ellos y la naturaleza para dar a conocer a otros la importancia de protegerlos para que también cuiden los recursos naturales, en especial el agua.

Y colorín colorado, este cuento se ha acabado.

FIN

Niños en la Biblioteca Fray Buenaventura de Pupiales Colombia.

Cortesía profesora Lic Anna *Anna Isabel Cárdenas González*

Niños de la Escuela Unique Blossom School Ikorodu-Lagos Nigeria. Profesoras y Directora. Lic Bola Animashaun. Marzo-2021 Cortesía de su Directora.

Escuela en Nepal Hindu Vidyapeeth Nepal

Cortesía del Dr Samrat Natth Yogi Embajador Worldwide Peace Organization Nepal.

Dibujos/ poemas de niños de Children's Peace Home (CPH) Nepal para AQÚITÍN

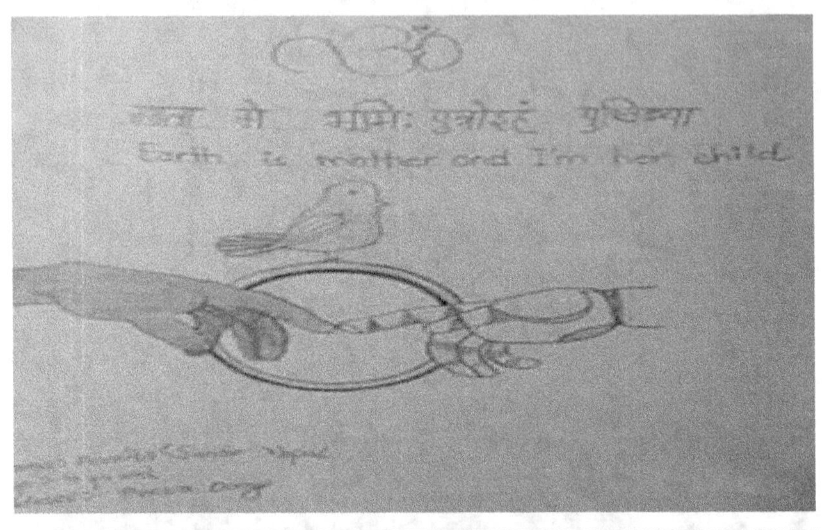
माता भूमि: पुत्रोऽहं पृथिव्या:
Earth is mother and I'm her child

WINDOW

I heard a bird from my window
Singing sweetly on a tree
The morning red and white
And the bird was on a tree

Butterflies are flying
[illegible]
And I saw the bright sun
Over the hill

[illegible]
[illegible]
[illegible]

I find the beauty of nature
[illegible]
[illegible]
Showing point of peace

Name = Sapana GM
Age = 14 [illegible]
Address = Dang, Nepal

NATURE

Our dream is in our nature
Earth is very small but its
beautyness is very greater
We have to make nature better
So we have to use natural
resources in a better resources
then we be in a good creator.....

Nature will be made of peace
then all living beings be a happy
May there be peace in water
And there be peace in plants
Bring peace in all that we need.....

Earth is our mother
We are her child
For good development of nature
Use our fresh mind
Oh God of water we solute you
Which is source of life
Oh goddess of forest we solute you
which value is infinite
We save our earth and
earth save our life

Hogar de la Paz para Niños (CPH) Children's Peace Home.

(CPH) es una organización con sede en Dang, al oeste de Nepal, dirigida por el Dr. Bhola Nath Yogi y su familia. Desde hace 26 años.

El CPH atiende a niños y adolescentes huérfanos y víctimas de la guerra, los indigentes y los niños sin hogar de Nepal, proporcionándoles educación, comida y alojamiento gratuitos.

Nuestra Revista apoya la labor en CPH de nuestros amigos niños y jóvenes que reciben cada Edición de nuestra Revista en Español e Inglés para que también aprendan y se mantengan actualizados sobre los temas ambientales. Ellos también participan en nuestro Concurso Internacional que finaliza el 5 de junio.

Además, nos envían sus obras que publicamos formando parte de esta familia de Amigos de la Naturaleza en AQÜITÍN. Queremos que además aprendan nuestro idioma y conozcan a más niños de otros continentes.

Dibujos y poema de Niños en España para esta Edición especial de la Revista.

Laura Orduñez Bologa Edad:12 de Vilanova i la Geltrú 1ro Eso
Instituto: F.X .Lluch i Rafecas

Aitor Buongiovanni 9 años Sevilla

"Las criaturas más pequeñas

Daniela María Jorge Monteagudo

Dios, Dios mío
Hay una pregunta que no te he hecho
Te pregunto sin complejo
Porque hay bichitos tan parejo.

Al escuchar mis pasos
Ellos corren asustados
No entiendo lo que ha pasado
Y a mamá le he preguntado.

Mama me responde
Tienen miedo, al ver un ser tan enorme
Me quedo quietecita
Para ver la mariposita.

Ella con muchos colores
Va aleteando con amores
Se posa en mi dedo
Con mucho destello.

Pasa una hormiguita
Con una tacita con azuquita
Sin cesar, se lo lleva a su casita tan bonita.

Centro educativo : IES Puerto del Rosario 3º ESO

"Los bosques , el agua y los animales"

Francisco Javier Pérez Arreaga . 13 años.
Instituto Federico Mayor Zaragoza. Curso 1ºESO C.

¡Hola niños!

Soy el conejo Bonnie. Hoy vamos a hablar sobre la importancia de los bosques, el agua y los animales como yo.

Bueno, tenéis que saber que los bosques son fundamentales para vivir .Por ejemplo nos dan frutas y verduras y son muy guays, puedes caminar por entre sus árboles, acampar, escalar …¡Las posibilidades son infinitas! Y además, si no tuviéramos bosques, yo no tendría una casa , ni tampoco comida.

El agua también es muy importante, de ella obtenemos comida como peces o cangrejos. También puedes nadar y jugar.

Los animales son importantísimos. No sólo son amigables y juguetones, también sirven de alimento. Y son muy bonitos ¡Como yo!

Bueno niños, lo que quiero decir con esto es que sin estas tres cosas no existiríamos ni tú ni yo.

Así que cuidad mucho la naturaleza,reciclad ,no tiréis basura a los ríos, mares u océanos.

Cuidad a los animales,recordad esto durante todas vuestras vidas porque esto es muy importante.

La naturaleza hay que cuidarla, porque si contaminas el agua hoy puede que no tenga solución, de hecho morirían todos sus peces casi al instante, y eso no es nada, también morirían los animales que beben de esta y los seres humanos.

¡Adiós! Ha sido un placer conoceros.

Un saludo, el conejito Bonnie.

Hasta luego, espero volver a vernos muy pronto ,Vuestro amigo el conejito Bonnie.

Para los Amigos de la Naturaleza. Espero que os haya gustado.

"MELODI, LA NATURALEZA Y DIOS"

-Erase una vez una niña llamada Melodi que le encantaba la naturaleza, pero los demás la destruían. Melodi estaba cansada de decir que no tiraran basura al suelo.

-¡No tires eso, para algo hay una papelera! - Decía Melodi.

Un día fue al bosque de su pueblo y vio a hombres talando árboles, les dijo que pararan pero ellos ni caso. Entonces Melodi acudió a Dios para que la ayudara y Dios, no respondió, por ahora... Al día siguiente fue a ver el bosque y cuando fue los hombres no estaban y habían más árboles. También cuando fue a la ciudad no había basura por el suelo y se estaban usando más las bicicletas y autobuses ¡Dios hizo un milagro! Desde ese día Melodi le hablaba más a Dios y siempre que hacía algo mal pedía perdón y colorín colorado este cuento se ha acabado.

Noemi Campos 10 años Escuela 4ᵀᴼ PRIMARIA.

CEIPº Valle De La Osa Constantina Sevilla

11-04-2021

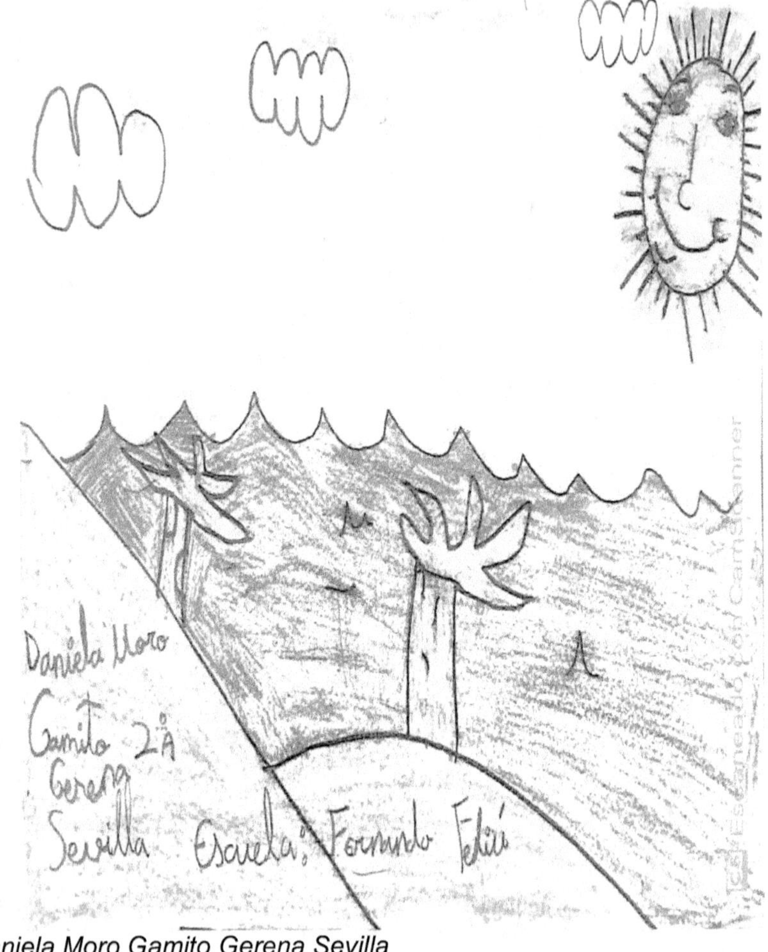

Daniela Moro Gamito Gerena Sevilla

"El Niño Y El Bosque"

Había una vez un Maravilloso Bosque había un niño que protegía a los árboles y no le gustaban los animales. Y un día vinieron unos cazadores furtivos y querían cazar a unos animales y al niño le daba igual. Y de pronto le habló una voz del cielo y decía: Tienes que cuidar los animales porque los animales son seres vivos hechos por Mí. Y el niño estaba llorando porque era una señal de Dios, y decidió el niño hacer trampas, no mortales, y escondió todos los animales en un mismo sitio, los cazadores cayeron en todas las trampas y huyeron. Y el niño contento le dice Dios: Hiciste una buena obra y mis ángeles te van a proteger. Y Dios hizo todo esto para que al niño le gustaran los animales.

Fin

Para la Revista Aqüitín Amigos De La Naturaleza

La Fontanilla 11 de Abril de 2021
Diddiet Salomón González 11 años Sevilla (Utrera)

<u>Sección 6</u> **Cuentos Educativos y Poemas de Escritores para esta Edición Exclusiva Amigos de la Naturaleza.**
" Amiga lluvia"

Almarí Albarenque 4/04/2021
Docente y escritora. Uruguay

Esa tarde de enero Elsa llegó de su trabajo acalorada y cansada. Desde temprano soñaba con poder darse un baño y beber algo fresco en su patio, bajo su querido árbol.

Sus hijos hacía horas que jugaban en la piscina, nadaban rápido como los peces y hacían carreras para ver quien llegaba antes a la punta contraria, en tanto tía Dora les tomaba el tiempo en su reloj. Estaban libres de horarios y disfrutaban mucho de sus vacaciones veraniegas. Les gustaba tanto jugar en el agua, que a la hora de la merienda había que rogarles para que salieran de ella, especialmente a Elías que siempre era el último en ir a merendar.

Al otro lado de la frontera en un bello país llamado Brasil, más precisamente en el Estado de Ceará la situación era muy diferente. Allí vivía Pedro que se preguntaba angustiado cuando volvería a llover. Él y sus vecinos rezaban a diario pidiendo que lloviera y que sus cosechas no perecieran nuevamente a causa de la gran sequía, pues al parecer la amiga lluvia se había olvidado de ellos.

Sucede que la tierra es tan grande, que en algunos lugares el agua es abundante y fluye con rapidez incluso al abrir una canilla, pero en otros escasea tanto, que todos deben caminar varios kilómetros cargando baldes para obtener un poco de agua y así poder beber, cocinar y bañarse.

Julieta oía muy atenta el interesante relato de su tía Dora, sus hermanos ya se habían dormido, pero a ella siempre le gustó saber cómo se vive en otros sitios del planeta tierra. Se imaginaba como esas personas, animales y plantas podrían vivir con tan poca agua a disposición y sintió pena de ellos. ¡Su vida era tan diferente! Ella estaba acostumbrada a que su amiga lluvia la visitase a menudo.

En su pequeño país llamado Uruguay, los pastos casi siempre eran verdes, los animales del campo podían bañarse en los arroyos y todo florecía en primavera. A los que vivían en las afueras de la ciudad les era común oír a los sapos cantar en las zanjas, anunciando la llegada de su amiga.

Esa semana ella estaba deseando que llegase el domingo, porque ese día vendrían a almorzar sus primos y después harían una divertida "Guerrilla de agua", su juego preferido en el verano.

Le preguntó a su tía como podría hacer para ayudar a cuidar el agua y prometió poner en marcha alguna de las ideas propuestas por ella; por ejemplo, lograr que su baño diario no durase más de diez minutos; también cerrar la canilla en tanto se cepillaba los dientes y lo que más le costó: le propondría a sus hermanos y primos suspender la Guerrilla de agua, ya que igual se divertirían muchísimo jugando en la piscina.

Julieta cumplió con su promesa; charló primero con sus hermanos, pero a ellos no les gustó mucho la idea. Aun así, no se dio por vencida y cuando llegó el domingo, lo hizo con sus primos; para su sorpresa estos sí aceptaron de buena gana suspender ese juego.

Sus abuelos se sorprendieron y alegraron mucho al conocer sus cambios de actitud para ahorrar agua, y la felicitaron ya que al hacerlo colaboraría con el bienestar de muchos seres.

Su tía Dora la abrazó muy fuerte y le dio dos besos en cada cachete. Sus hermanos y primos al observar todo eso se propusieron imitarla. Tal vez así colaborando todos, aunque fuese un poquito, otros podrían disfrutar de este gran tesoro sin tener que hacer tanto sacrificio.

"El árbol de la sabiduría"

Lic. María Cristina Azcona
Escritora Buenos Aires Argentina

En la tierra por todos olvidada

Crece el árbol de la sabiduría.

Espera que la mente iluminada

De algunos niños la descubra un día.

Cuando ocurra esto se abrirá una vía

Y podrán todos ver su luz dorada.

Incluso donde reina la sequía.

Cerca de los confines de la nada.

Despertará la flor de la conciencia

En el alma que aún esté dormida

Al sentir el perfume de su ciencia.

Porque el saber otorga nueva vida

A la humanidad que en vana ignorancia

Cree que la verdad ya es conocida.

"Una gota de agua: un arroyo de esperanzas"

Dra Illeana Martínez Cabrera
Científica Española 27-3-2021

Amiguito. No te narraré un cuento de dragones, ni de glaciaciones. Te mostraré lo que vale una gota de agua en las islas.

Si vives en un gran país en extensión, puede que las posibilidades de encontrar ríos, arroyuelos y lagos, sea realmente ventajoso porque las grandes nubes procedentes de otras zonas son fuentes de precipitaciones y se conservará mejor el agua en estos terrenos acuíferos.

Te contaré lo que me narró una gotita de agua que vino en una fuerte lluvia y se quedó en mi ropa antes de llegar a tierra.

En islas como en la que vivo, donde no hay ríos, ni estanques, ni grandes lagos; cuando cae la lluvia se acumula una pequeña parte en forma de riadas. Algunas brotan directamente de un pequeño agujero entre rocas, formando las llamadas fuentes. Estas brotan una vez al año cuando en determinados días, se enriquecen las aguas subterráneas. Desafortunadamente, en islas pequeñas, estas riadas desembocan muy pronto en el mar.

Me dijo la gotita que una vez en el mar, puede que se evapore; sin embargo, las nubes podrían trasladarse a otras zonas distantes.

Si vives en una isla, ¿qué fuentes de agua utilizarías para beber?

En muchas islas donde no existen grandes abastecimientos de agua natural, existen depuradoras de agua, destinada al uso externo, como lavar la vajilla, la ropa.

Para beber, la gotita debe venir en envases de agua procedentes de sitios distantes, en barcos.

Por esta razón, para los que vivimos en islas, es tan importante el agua. Es tan importante que llueva en las estaciones en que la lluvia debe ser abundante.

Si te animas, observa los ríos que hay en tu ciudad. Observa los patos. Y si tienes el mar cerca, busca si hay patos también. Estos animales pueden nadar y vivir en lugares con ambos tipos de agua. Su cuerpo está preparado para ello.

Nosotros también podemos nadar en ambos sitios; pero para ello, debemos cuidar de su limpieza.

La gotita se despidió muy pronto de mí, porque la temperatura ambiente hizo que nuevamente se evaporase. Pero me prometió volver y quedamos en ello.

Siempre habrá un arroyo de esperanzas para que una gota se incorpore en él, nos salude y nos cuente más de lo que el mundo entero está haciendo para que la gotita, al caer, encuentre sin problemas, su ciclo.

"Nepaja laguna rescatada"

María del Socorro Rodríguez.
Managua, Nicaragua. 29/03/2021

Al otro lado del Océano Atlántico, existe un país hermano, de nombre Nicaragua, que tiene una laguna, de origen volcánico, llamada Nejapa.

En ella, no habitan muchos animales, porque han despalado su entorno y se seca, en verano. Pero para dicha de las personas que les gustan los animales, allí sobreviven dos tortugas, hermanos gemelos, huérfanos, Paco y Pecas, de 10 años de edad, ellos se quieren mucho y son amables. Son sobrevivientes, porque en verano viven en un charquito de agua, que sólo les proporciona oxígeno, es como una especie de hibernadero.

Paco es de cuerpo un poco alargado, ojos saltones y de mirada profunda, caparazón café y verde lamoso, será un buen mozo y Pecas, la hermana mayor, porque rompió, primero, su huevo; su caparazón es redondo y café brillante, con unos ojos románticos, boca pequeña, bonita. Ambos comparten un secreto, ¿qué crees tú?, el secreto es que son comilones y los cangrejos, las algas y las hierbas o raíces tiernas son escasos, en tiempos de crisis alimentaria. Se les avecina un problema, en verano la laguna se seca hasta el invierno que se recupera un poco el agua.

Por tal razón, conversan, al respecto: _Pecas, qué haremos, para que la laguna no pierda su agua, este verano y tengamos, suficiente, para beber, comer, nadar y vivir, sin zozobras.

-Paco, contesta Pecas nos uniremos a Hugo, el guarda lagunas, para que nos dé un poco de semillas y sembrarlas, porque necesitamos arborizar, ya que "Los árboles nos proporcionan oxígeno, sombra, frutas, belleza, armonía ambiental, vida saludable, equilibrada y facilitan la generación del agua".

-Sembremos árboles, pues -dijo Paco. -Así lo hicieron, consiguieron las bolsitas de semillas y se las colgaron en el cuello, salieron del agua y subieron unos 300 metros sobre la ladera de la laguna. Lo interesante de esta iniciativa, es que, aunque era muy difícil para ellos realizarla, siempre, tenían una actitud positiva y de éxito. Y, cuando van sembrando las semillas, de repente, sienten mucha humedad y dice Pecas _ Paco, aquí hay algo que me suena maravilloso, _ qué será, Pecas _ preguntó Paco _ y llaman a Hugo y le comunican el hallazgo y éste, muy emocionado, grita:

_sí, parece algo fenomenal y entonces, todos emocionados, gritan, al unísono: _"AGUA", "agua", el agua es maravillosa, significa vida, salud, longevidad, amor".-Y, continúan escarbando y escarbando y cuál es su sorpresa, que van descubriendo un ojo de agua, la cual es una gran fuente subterránea.

Pecas estaba cansada, porque sus patitas son cortas y debe hacer mucho esfuerzo, pero así continuaron trabajando. Fue un día de mucho trabajo, pero, también, de mucho regocijo y provecho para el futuro. Paco, Pecas, Hugo y otros guarda lagunas más, unieron sus fuerzas, en un sólo puño y lograron succionar y dirigir el agua, por medio de un canal que construyeron, hacia la laguna, alimentándola de agua pura, fresca y nunca más, ésta se volvió a secar.

Días después, continuaron sembrando las semillas de guayabo, jocote y nancite, para que siempre hubiera frescor y la laguna de Nejapa no sufriera tanto, los embates del cambio climático. Y comentaron, debemos cuidar y proteger a los árboles y el agua, porque ellos, nutren nuestras vidas.

Estaban felices y contentos, por el deber cumplido. La laguna de Nejapa les sonrió, agradecida y orgullosa, a Paco, Pecas y Hugo, por cuidarla y protegerla.

FIN.

"CEREMONIA"

Yolanda F. Rodríguez Toledo
Escritora Cubana

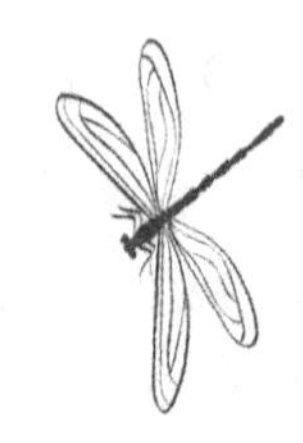

Cactos y helechos

por la mañana.

Cae la lluvia

saltan las ranas.

Bolas de fuego

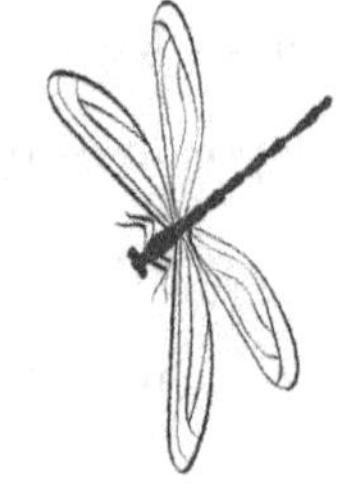

en la mirada:

Los cigarrillos

planchan sus alas.

Rojos, azules,

suben y bajan,

como avioncitos

rozan el agua.

Último vuelo,

duermen las larvas

bajo el espejo

junto a mi casa.

" La lluvia, el beso y el Mainnumby"

Gladys Mercedes Escritora de Goya, Argentina.

Hay días en que la lluvia no es una simple lluvia. Hay días en que el agua cae a la tierra arrastrando pensamientos, sueños y misiones diferentes. Entonces la lluvia sale de su letargo, deja de estar dormida y suena en los tejados, en el pecho de los hombres y se convierte en un héroe visible, en un tierno gigante que se inclina para lograr despertar a la flor del beso del largo camino de la eternidad. Así la lluvia y el beso se impregnan, se vuelven una sola cosa, un solo sueño, un único despertar. Una fusión de almas se prepara, mientras que afuera de pronto todo es silencio. La flor del beso ya está lista para su viaje en la tierra, ya está preparada con su néctar de terciopelo para recibir a su ser amado, su mainumby.

Todo ser sobre la tierra tiene su mainumby, su mitad. Su conexión única de néctar de almas. Una vez que se eligen ese picaflor le será fiel a su flor hasta la

eternidad y se volverá territorial y la defenderá de otros

pájaros, de otros seres que quieran deleitarse en sus

besos. Así es la sagrada unión de la flor de El Beso y el

mainunby. La lluvia lo sabe y ha bajado esa mañana de

todas las mañanas venideras a despertar".

Ilustración Gladys Mercedes Acevedo

"LAS HORMIGAS QUE ESTUDIARON"

Dr Juan David Romero Arboleda
Escritor Cali Colombia.

La reina de las hormigas,
les pregunta a las demás,
quien quiere curso de reina
o también de General.

Y unas pocas entre ellas,
levantaron su manita,
una que tenía gafas,
otra que era chiquita.

Las demás solo querían,
ser parte del hormiguero,
solo querían cargar,
caminando muy ligero.

Y aquellas dos hormiguitas,
hacían trabajos diversos
se trasnochaban bastante,
para lograr sus ascensos.

Mientras que las otras tales,
felices hacían fiesta,
tomaban néctar de flores,
y corrían por la floresta.

Terminó entonces el curso,
y hubo homenaje sincero
se graduaron con honores,
ante todo, el hormiguero.

Ahora pasado un tiempo,
entre ellas se preguntan
porqué siendo tan iguales,
ellas fueron las más brutas.

Y caminan todo el día,
llevando pesada carga,
mientras Chiqui y Gafitas,
Dirigen la marcha larga.

Reniegan mala fortuna
por no haber estudiado,
van por las ardientes dunas,
marchando como soldados.

MORALEJA

Para salir adelante
Y poder así triunfar
Tienes que estudiar bastante
Y muy duro trabajar.

"Regalos del bosque"

Lic. Euda Morales Escritora
Periodista- Guatemala

-Papi, ¿cuándo dan inicio las lluvias este año? Hace falta mi querida Sarita, estamos aún en la temporada seca del país. Pero, ¿son tantos días? Si, ya que las lluvias empiezan en abril; aunque yo sé porque lo preguntas y entonces habrá que esperar para junio…Cada época del año es importante y necesaria para la naturaleza.

Yo quiero que llueva para dar un paseo por la montaña y tú sabes que será para encontrar los regalos del bosque. Tendremos paciencia, mientras iremos al mercado a comprar una canasta para ti.

Anoche llovió y hoy amaneció soleado, unos días más de lluvia y estaremos listos para hacer nuestro recorrido. -Sarita, debes irte a dormir temprano, mañana amaneceremos de madrugada para emprender el tan esperado recorrido.

¡Es hora de levantarnos! Pero mírame, comprobarás que estoy vestida y con la canasta en las manos. Perfecto, saldremos ya. Yo tengo 8 años, pero desde los 4 años acompaño a papá, por lo que recuerdo muy bien el camino y podré encontrar los preciados hongos.

El camino está definido, pero es necesario saber por dónde caminar. Yo busco en los troncos o en el suelo o fuera del camino, voy feliz y segura que llenaré mi canasta.

-Papi, ¿por qué se llaman regalos del bosque? Hija, son nombrados así porque cada hongo nace por sí mismo sin haber sido sembrado. Es así como los hongos Amanita caesarea, conocidos en el país como Hongos de San Juan, Q´atzuy o Kantzu, u otras especies como las sharas anaranjadas o azules, durante la época lluviosa recrean a la vista por su colorido y al paladar por su delicado sabor.

-¿A qué edad empezaste tu a venir a la montaña? Yo tenía 6 años y acompañaba a tu abuelito, quien me indicaba que su papá era un buscador de hongos y contaba con todo el conocimiento para reconocer las especies que sí se pueden comer. Este saber al igual que el amor por la naturaleza es importante y ha sido transmitido de padres a hijos como yo lo hago contigo.

La regla esencial es iniciar el recorrido en las primeras horas del día. Además, es necesario reconocer los hongos comestibles, ya que, durante el recorrido, se encontrarán diversas variedades, pero serán pocos los que se pueden consumir. Es importante la forma pues cuando el hongo es joven tiene un sombrero redondo, pero este se aplana mientras madura. Al brotar el color es rojo y luego amarillo o naranja cuando están maduros y lucen un pie de color amarillo dorado. -Papi, me he dado cuenta que incluso a veces los hueles para estar plenamente seguro que los mismos son comestibles.

¡Qué felicidad! Encontramos bastantes hongos y se ha llenado mi canasta. Mamá nos recibe y cuenta 12 hongos. Es fundamental alimentarse bien, estos hongos ofrecen un alto contenido de proteínas, son ricos en minerales y vitaminas –Siempre se recomienda consumirlos frescos o conservarlos por un par de días.

Hoy cocinaré 6 hongos para almorzar, es sencillo es sencillo, asados en el comal, perfumados con gotas de limón y sazonados con sal. El resto los prepararemos en un guiso e invitaremos a los abuelitos. Sin más, son majestuosos y de un sabor supremo.

"Como dos gotas de agua"

Profesor Norge Sánchez Fonseca Cuba-Venezuela
(Fragmento de la novela infantil La bolsita de caramelo)

— ¡Oye! ¡Qué bonita eres! ¿Y qué haces por aquí volando tan alto?

—Pues, me divierto. Igual que tú.

—No. Yo no me estoy divirtiendo. Estoy volando hacia las capas superiores de la atmósfera.

— ¿Y eso, para qué tienes que ir tan alto?

—Te cuento. Yo, con toda mi familia, vivía en un volcán y de allí nos expulsaron para que nos fuéramos a lo alto del cielo.

—Entonces es cierto lo que se dice de los volcanes.

— ¿Y qué has escuchado tú sobre los volcanes?

—Pues, que son unos monstruos agresivos que lo cubren todo con lava muy caliente y destruyen los bosques y las ciudades.

—Es cierto que en ocasiones se desbordan y cubren la vegetación. Pero cuando se enfrían todo ese material les queda a los hombres un terreno excelente para hacer agricultura y a la naturaleza una nueva capa fértil para que vuelvan a crecer árboles, flores y frutos.

— ¿Y los pueblos que destruyen?

—No es culpa de los volcanes. Ellos no tienen piernas para moverse. Los hombres sí se pueden mover, pero son tozudos, construyen sus casas en los lugares menos indicados.

—A caramba, entonces los volcanes son buenos y malos.

—Ya te dije. Depende de cómo lo quieras mirar. Mira qué lejos nos envía para ayudar a la naturaleza. Y tú; ¿de dónde vienes?

—Pues yo vivía en los neumáticos de un elegante automóvil, de esos tantos que se pueden ver en todas las ciudades. ¿Los conoces?

—Sí, claro. Todos hablan de ellos. Que son altamente contaminantes dicen unos. Quemadores de combustibles fósiles dicen otros. Que están siendo subutilizados se les escucha a los terceros. Pero la realidad es que en la vida moderna son un gran amigo de la civilización.

—Es cierto. Desprendidos del asfalto de las carreteras y autopistas, desde los escapes del combustible quemado y desde todo el polvo que se dispersa en los caminos, son millones las partículas que como yo levantan vuelo por los aires.

—Y afectan la respiración de las personas.

— ¡Ah! Pero esa no es nuestra intensión.

— ¿Cuál es esa intensión entonces?

—Nada en particular. Andar por el mundo divirtiéndonos.

—Entonces te propongo algo mejor. Te vienes conmigo y cuando estemos bien altos el vapor de agua se nos pegará como si quisiera arroparnos.

— ¿Y si esa humedad me provoca gripe?

—No, no te preocupes, aún rodeados del húmedo vapor continuaremos subiendo hasta llegar a ser gotas de agua.

— ¿Una gota de agua? ¿Yo que vengo de un neumático a toda velocidad en una autopista puedo llegar a ser una gota de agua?

—Pues sí. Y cuando comiences a engordar serás tan pesada que el viento no podrá sostenerte. Y claro, por la Ley de la gravedad, nos precipitaremos.

—Me estás diciendo que podremos llegar a ser lluvia. ¿Ser parte de un aguacero?

— ¡Claro! Esa es la idea. Seremos lluvia si logramos mantenernos en las regiones tropicales donde los rayos del sol mantienen altas temperaturas todo el año. Pero si los vientos nos acercan a las regiones polares, entonces caeremos como nieve o agua nieve.

—A no. Yo quiero ser lluvia. Me gusta más el verdor de los bosques y el cristal de los arroyos y los ríos que avanzan día y noche para encontrarse con el mar.

—Entonces apúrate. Dame la mano. Ven, vayamos en busca de las alturas, que ese es nuestro mejor destino juntos.

—Vamos. Dijo visiblemente emocionada y tomándose de las manos continuaron hacia las alturas con la sensación mutua de que desde siempre habían sido grandes amigos y desde este momento su existencia estaría ligada para siempre.

"Los bosques de mi tierra"

Profesora Anna Isabel Cárdenas González
Pupiales Colombia

Los bosques de mí tierra, son frondosos y esbeltos, con aromas diversos, pero a la vez juntos son destellos de aromas agradables a todo bien los hermosos pinos, los grandiosos eucaliptos se armonizan en grandes bosques y diversos caminos en líneas curvas, rectas y pataletas que incitan el caminar...Y paralelas que incitan el caminar...

¡Ahh qué hermoso paisaje!, Que llena de aire puro los pulmones y de grandes energías al Ser.

Qué grandioso regalo nos ha dado Dios, por en medio de sus ramas atraviesa la luz del radiante sol. Los rayos luminosos te renuevan energías, te dan esperanzas de un mañana mejor. Cuando cierras los ojos te sientes flotar en un paraíso terrenal, te llenas de su fuerza y poderío para poder seguir...

Adentrándose en estos bosques vuelves a nacer y comprendes que eres parte de las maravillas de la naturaleza; que te atrapan para RENACER.

La dicha es poder contemplarla, disfrutarla, cuidarla y no hacerle daño.

"YES, FOR A PERFECT WORLD"

Dr Ashok Chakravarthy Tholana
Telangana State, INDIA.

Having pounded the surface and sea,

Having punctured the sky and space,

Having destructed the dense forests,

Having intruded the high mountains;

We have peeled natures unbound beauty

We have devastated invaluable resources,

We have polluted the life-giving air,

We have spoilt the pure water resources.

We have invaded all living species,

We have infiltrated the green valleys,

We have played havoc with rare birds,

We have hunted down the rarest animals.

We have almost inflicted a death blow,

Dear! Yet some hope exists even now,

Ignorance of any sort at this juncture

Shall turn the tide against the universe.

With perfect care and perfect concern,

With perfect word and perfect action,

Let us act perfect, for a future perfect

In a perfect way, yes, for a perfect world.

"SÍ, POR UN MUNDO PERFECTO"

Dr Ashok Chakravarthy Tholana
Estado de Telangana INDIA.

Habiendo perforado la superficie y el mar
Habiendo perforado el cielo y el espacio,
Habiendo destruido los densos bosques,
Habiendo sido intrusos en las altas montañas

Hemos pelado la belleza desatada de la naturaleza
Hemos devastado recursos inestimables,
Hemos contaminado el aire que da vida,
Hemos estropeado los recursos de agua pura.

Hemos invadido todas las especies vivas,
Nos hemos infiltrado en los verdes valles,
Hemos hecho estragos con las aves raras,
Hemos cazado a los animales más raros.

Casi hemos infligido un golpe mortal,
¡Querido! Sin embargo, existe alguna esperanza,
La ignorancia de cualquier tipo en esta coyuntura
Hará que la marea se vuelva contra el universo.

Con el cuidado perfecto y la preocupación perfecta,
Con la palabra perfecta y la acción perfecta,
Actuemos de forma perfecta,
para un futuro perfecto de una manera perfecta
Sí, para un mundo perfecto.

"INFANCIA"

Nélida Baigorria
Mar del Plata-Buenos Aires Argentina

Anoche soñé que estaba soñando

con campos verdes y niños jugando.

Con veredas brillantes,

y señoras charlando.

Con puertas abiertas.

Con acequias limpias

y agua cristalina,

donde se refleja mi rostro de niña.

Pero no estoy sola, tengo compañía.

Como si corriéramos a la par del agua.

El árbol llorón se mira y se mira,

recibiendo sediento, su vital comida.

Frondoso árbol mi fiel compañero,

componente firme del pulmón viviente,

de mi viejo y lejano barrio.

Hoy despierto confundida.

No sé, si dormida soñé o despierta recordé

la infancia vivida.

■Prof. Emérito Dr. Ernesto Kahan.

Médico, poeta, doctor honorario en literatura Facultad de Medicina. Univ. Tel Aviv. Israel.

Académico de honor – Real Academia Europea de Doctores. Consejo Editor. Académico de honor –Academia Internacional Ciencias, Tecnología, Educación y Humanidades (AICTEH) España. Académico de honor – Academia Norteamericana de Literatura Moderna Internacional (ANLMI).

Vicepresidente 1º de la Academia Mundial de Arte y Cultura - Congreso Mundial de Poetas (UNESCO).

Miembro de la Asociación General de Escritores de Israel. Presidente Honorario de AIELC- Asociación Israelí de Escritores en Lengua Castellana. Presidente ISRAEL IPPNW – Internacional de Médicos para la Prevención de la Guerra Nuclear- IPPNW y delegado a la ceremonia del Premio Nobel de la Paz 1985 a IPPNW.

Premio Schweitzer de la Paz "Por su valiente acción por la paz en el Medio Oriente".

Vicepresidente-IFLAC – Foro Internacional para la Literatura y la Cultura de Paz.

Presidente Honorario1º de SIPEA – Soc. Internacional de Poetas Escritores y Artistas.

Miembro de Honor Instituto Vallejiano Universidad Nacional Trujillo – Perú.

World Wide Peace Organization WWPO Presidente Honorario fundador.

Miembro Fundador, Círculo Internacional Narradores y Poetas del Mercosur. Director de OME – Organización Mundial de Escritores. 18 libros publicados

■Almarí Albarenque

Prof.: Educadora especializada en población carenciada.

Escritora de poesía, narrativa.

Escritora de Dramaturgia. Nac. Uruguaya

■Gladys Mercedes Acevedo

Novelista, cuentista, ensayista, historietista y artista plástica. Nació en Goya. Autora de novelas Curuzú, La rebelión de los infieles y Las Tres Muertes de Camila. Fundadora del Museo Gauchesco Cueuzu y del Museo de Mitos y Leyendas Guaraníes. Presidenta de la Asociación Mundial de Escritores Latinoamericanos. Embajadora de la Paz por Argentina nombrada en España y Suiza. Fundadora del Programa Los Museos Vamos (museo itinerante) que llega a escuelas y parajes aislados.

■Ileana Martínez Cabrera

Licenciada en Bioquímica y Doctora en Ciencias Farmacéuticas por la Universidad de La Habana. Trabajó de Docente de la Facultad de Biología (UH) y en el Instituto Nacional de Vacunas Finlay. Trabajó en la Fundación Mateu Orfila (actual Fundación para la investigación Sanitaria de las Islas Baleares, España. Máster en Ensayos Clínicos Sevilla. Autora de más de 21 publicaciones científicas, un libro testimonial y uno en prensa para su publicación.

■Anna Isabel Cárdenas González.

Profesora y Gestora cultural del municipio de Pupiales. Con una trayectoria de 33 años comprometida con el fortalecimiento de la cultura en sus diversas dimensiones y el desarrollo de la literatura y la ecología con niños de primaria." SEMILLERO LITERARIO Y ECOLÓGICO CUNA DEL PENSAMIENTO "

■María del Socorro Rodríguez. (Almallanera).

Nacida en Bluefields-Nicaragua. Docente universitaria retirada. Coautora de dos libros académicos universitarios publicados: Lenguaje y Comunicación I y II. (2009). Publicaciones poéticas virtuales. Presidente fundadora UNILETRAS-Nicaragua. Miembro Unión Hispanomundial Escritores.(UHE).

■Yolanda Felicita Rodríguez Toledo

Licenciada en Estudios Socioculturales. Escritora y Artista de la Plástica. Especialista Literaria y Miembro del Consejo de Lectores Especializados Editorial Luminaria, Cuba. Su obra aparece en diversas publicaciones periódicas y Revistas Literarias de Cuba y el extranjero, tales como: *La Pedrada, Matanzas, Ariel, Chinchila,* El tintero; Revista española Amigos de la poesía de Castellón; y en la Revista de los escritores de habla Hispana, editada en Cagua, Venezuela: Letralia, Tierra de Letras.

■Juan David Romero Arboleda

Lic Derecho

Dr Odontología. Poeta y fabulista Colombia

Tiene a su haber más de cuatroscientas fábulas. Escritor de Poesía Infantil y juvenil. Décimas e himnos.

■Eduardo Reyes Escudero

Originario de Tetela del Volcán, Morelos, actualmente en San Andrés Tuxtla, Veracruz, México. Docente Académico Escuela Pública. Nivel Primaria.

Pintor, Muralista. Ilustrador Edición Especial Amigos de la Naturaleza Revista Educativa Medioambiental del Agua y la Naturaleza para niños AQÜITÍN 2021.

■ **María Cristina Azcona**

Buenos Aires. Argentina. Psicopedagoga y Orientadora familiar.

Psicopedagoga por la Universidad USAL de Buenos Aires, Argentina, 1975

Orientadora Familiar por la Universidad de Navarra, España,1999.

Maestra Normal Nacional, por el Colegio Mallinckrodt, Martínez, Bs. As. Argentina. Maestra Senior de inglés, Academia Cultural Inglesa, Olivos, Bs. As. Argentina.

Miembro académico en el área de Educación del Centro de Estudio de la Dignidad y Humillación de U. de Columbia, EEUU

https://www.humiliationstudies.org/whoweare/coreteamlong.php#azcona

Escritora, Poetisa, Prologuista y Conferencista. Por la Paz y la Cultura.

Autora de libros en varios idiomas y Antologías.

Presidente de Worldwide Peace Organization (Wwpo) y de Paz-iflac Embajadora de la Paz del Círculo de embajadores de la paz de Suiza y Francia Miembro del consejo internacional en IAWEP International Educators for Peace EEUU.

■**Manuel Garrocho Escobar**

Natural de Morón de la Frontera Sevilla 1962, Pintor desde niño. Autodidacta. Especialidad. Realismo. Retratos y Paisajismo. Pintura social destacando a los necesitados. Técnicas diversas. Carboncillo y diferentes técnicas. Uso eficaz de Mezclas de Pigmentos y esencias aceite

■**Norge Sánchez Fonseca**

(Cuba, 1958). Narrador, poeta y editor.

Docente universitario. Tiene publicados en Cuba, Venezuela y Estados Unidos de América más de una veintena de libros de poesía, novela, testimonio, cuentos y una amplia gama de literatura para niños y jóvenes. Sus textos aparecen en revistas y periódicos de varios países.

■Dr. Ashok Chakravarthy Tholana

Writer, poet and reviewer, hailing from Hyderabad City, Telangana State, INDIA. During his 30-year stint with poetry, Ashok's message-oriented poems have the rare distinction of getting published in no less than 90 countries.

Relentlessly he is contributing poetry concentrating on themes for promoting Universal Peace, World Brotherhood, Environment Consciousness, Protection of Nature, Safeguarding Children's and Human Rights, uplifting the oppressed-downtrodden etc.

For his outstanding contribution and promotion of world literature and culture, he is conferred prestigious national and international FIVE Doctorates, lots of laurels.

In recognition of his poetry writings, received commendations from Dr. APJ Abdul Kalam, former-President, India, Shri Atal Behari Vajpayee, former-Prime Minister, India, Bill Clinton, USA, Queen Elizabeth of Britain, Princess of Wales, President and Prime Minister of France, Prime Minister of Switzerland, Senator Viktor Busa, The Lord President, Italy, United Nationals Organization, UNESCO, UNICEF etc.

■Bola Animashaun

Lic. Inglés y Educación en Universidad de Lagos, Nigeria.

Abogada y Profesora de habilidades comunicativas durante 10 años en el Federal College of Education (Technical) Akoka - Lagos Nigeria.

Directora de Escuela Unique Blossom School, ikorodu - Lagos.

Escuela infantil y primaria. Desde los 18 meses hasta los 11 años.

■Nélida Baigorria

Mar del Plata - Buenos Aires Argentina

Escritora, Poetisa y Artista Plástica - Embajadora de Paz Foro Internacional por una Literatura y Cultura de PAZ IFLAC y Organización por la PAZ Mundial.

Delegada por "IFLAC" en Ciudades de la Costa Bonaerense Argentina.

Productora y Conductora del Programa "NO ME SUELTES" Radio- T.V. Coordinadora Cultural Literaria de "Grandes Mujeres del mundo por la Paz" 2018 – 2019 – Organizadora del Encuentro "Cadena de hombres y mujeres por la PAZ" en Cabildo de Mar del Plata Argentina 2019 Autora de libros: *"ESCUCHA MI CORAZÓN, "AMOR VIRTUAL*, y más de 20 Antologías: Publicación de poesías en Magazine Turkish Literatura 2017 –Publicación en "Revista Zas" Madrid: "Historia de la Biblioteca Alma Fuerte" La Plata - Buenos Aires – Argentina

■Dr. Bhola Nath Yogi

Director fundador de la Escuela Hindú Vidyapeeth, en Dang Escuela para niños diurna. Durante tres décadas sirve a la sociedad desfavorecida y a los necesitados.

Trabajador social y Director de la residencia de ancianos.

Dir Asociación de discapacitados de Nepal

Dir Centro de atención a niños con síndrome de Down.

■Dr. Chintamani Yogi

Director fundador de la Escuela Hindú Vidyapeeth de Katmandú. Es un maestro espiritual, líder religioso y un gran motivador.

Creador del Centro de Servicios para la Paz en Katmandú. Trabajador social.

Director de la residencia de ancianos. Dir Asociación de discapacitados de Nepal Dir Centro de atención a niños con síndrome de Down.

Dr.BholaNath Yogi   bholacph@gmail.com

Dr. Chintamani Yogi   mail2cmyogi@yahoo.com
Website: http://peaceserviceusa.org/
Para colaboraciones y ayudas indicamos los correos.

BIBLIOGRAFÍA

- NEWSLETTER Fundación AQUAE. 2021
- -Perspectivas del medio Ambiente 2020. PNUMA. Ed. Mundi..
- -Vivendi Environment. Annual Report 2000.
- *nationalgeographic.com*

- **HUERTO PLANTAS TIPS** Huerto BIO
- 28 septiembre, 2017 por María Bilobrowka

- **Organización de las Naciones Unidas para la Alimentación y la Agricultura,ONUAA, FAO**(por sus siglas en inglés: *Food and Agriculture Organization*),